Скажіть, Хто Це

Ворона	Ворони	Голуби	Хлопець
1	2	3	4

1. Хто чорний? ☐
2. Хто білий? ☐
3. Хто пофарбував себе? ☐
4. Хто годував голубів? ☐
5. Хто знав, що це біла ворона а не голуб? ☐
6. Хто кричав: «Рятуйте!»? ☐
7. Хто сказав: «Хто я тепер»? ☐
8. Хто каже: «Кра, Кра, Кра»? ☐

Вправи до стор. 7-9.
Написати у квадраті число рисунка, що відповідає на питання «Хто?»

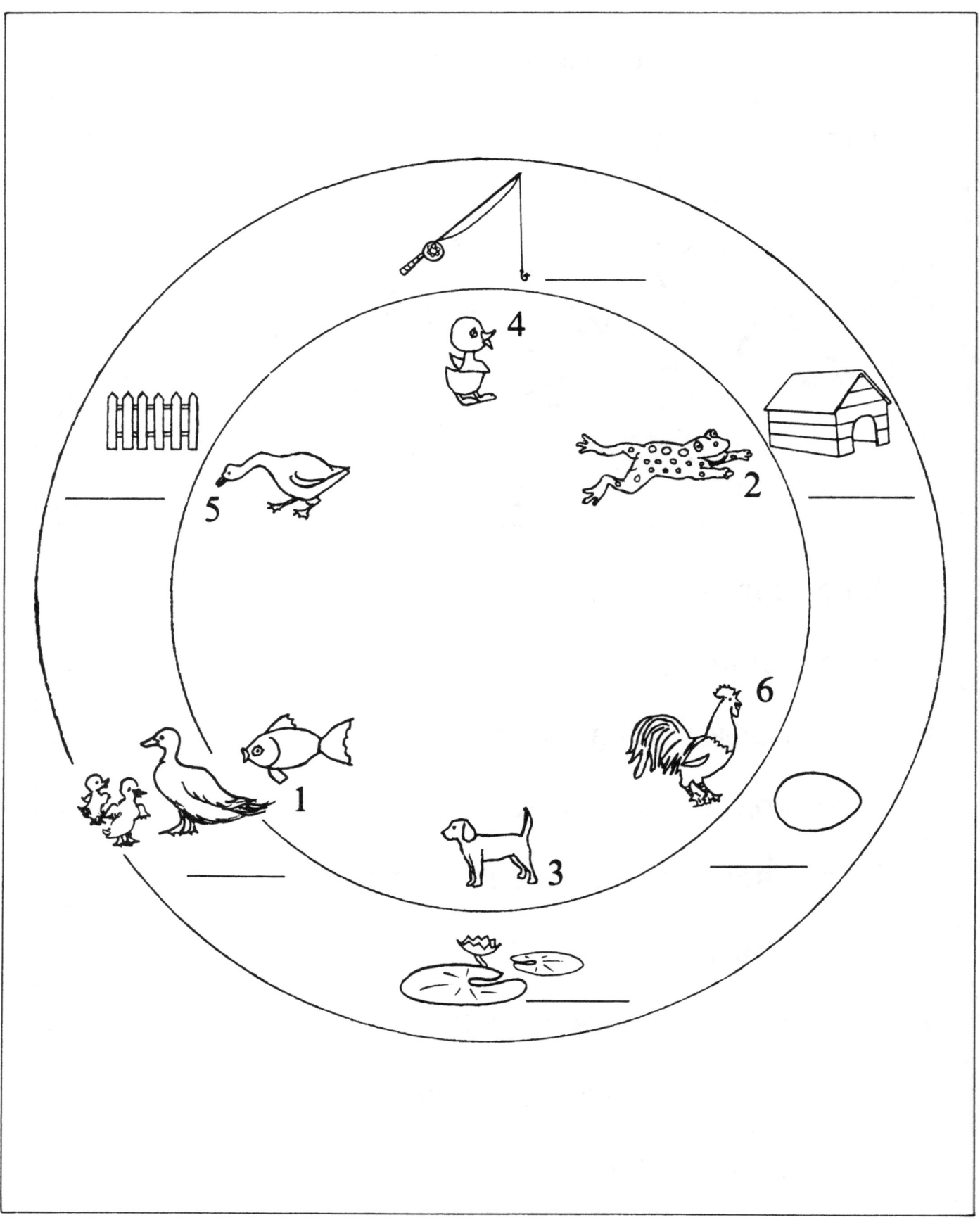

Вправа до стор. 10-15.
Напишіть число рисунка з меншого кола на порожньому місці у відповідному більшому колі.

1. Голуби й ворони говор_____.
   ив   ила   или
2. Каченя біг_____ надворі.
   ала   али   ало
3. Ворона не може бути голуб_____.
   ові   и   ом
4. Каченя було дуже маленьк_____.
   ий   а   е
5. Жаба ловила чорну мух_____.
   а   у   и
6. Каченя тримало голову висок_____.
   у   ий   о
7. Гуска зло_____ рибу.
   вила   вив   вити
8. У ставку жила велика зелен_____ жаба.
   ий   е   а
9. Лапко закри_____ «Гав! Гав!»
   чала   чав   чали
10. Ти бач_____, як добре бути надворі!
    иш   или   ило
11. Хто зловив риб_____?
    ку   ка   кам
12. Їж скіль_____ хочеш.
    ку   ка   ки

Вправи до стор. 14.
Написати на порожньому місці ті звуки, що правильно закінчують слова.

летіти	їхати	іти (йти)

1. Тарас хоче _____ автом.
2. Ракета буде _____ високо.
3. Роман хоче _____ додому.
4. Мій змій буде _____ далеко.
5. Вони не хочуть _____ до крамниці.
6. Пташка ще не може _____ .
7. Куди ти хочеш _____ візком?
8. Вони хотіли _____ літаком.

1. _____ будував ракету.   Оленка / Леся / Тарас

2. — Я тобі поможу, — каже _____ .   Петро / Оленка / Роман

3. Тарас казав, що Оленка буде _____ .   заважати / помагати / будувати

4. Оленка взяла собі _____ .   дощок / ракету / авто

5. Оленка поїхала автом, що вона _____ .   купила / збудувала / дістала

Вправи до стор. 16-18.
Написати на лінії одне з поданих слів, що правильно закінчує речення.

4

1. Звірі і тварини говор_____.	ив ила или
2. Бабуся поклик_____ котиків.	ала ав ало
3. Сонечко гріл_____ та світило.	а о е
4. По вулиц_____ можна їхати.	я ю і
5. Подив_____, куди пішли котики.	ися ілася ився
6. Котики перебіг_____ вулицю.	ла ло ли
7. Бабуся попрос_____ котиків їсти.	ило ив ила
8. На другому боці жила старень_____ бабуся.	кий ка ко
9. Я під_____й подивлюся.	а е у
10. Обід уже готов_____.	а ий е
11. Шшш був найменш_____ котик.	ий е а
12. Мур вископ_____ із-за воріт.	ило ив ила
13. На подвір'ї вони побач_____ песика.	ила ило или
14. Шшш залиш_____ під ворітьми.	ися ився ілася

Вправи до стор. 20-23.
Написати на порожньому місці ті звуки, що правильно закінчують слова.

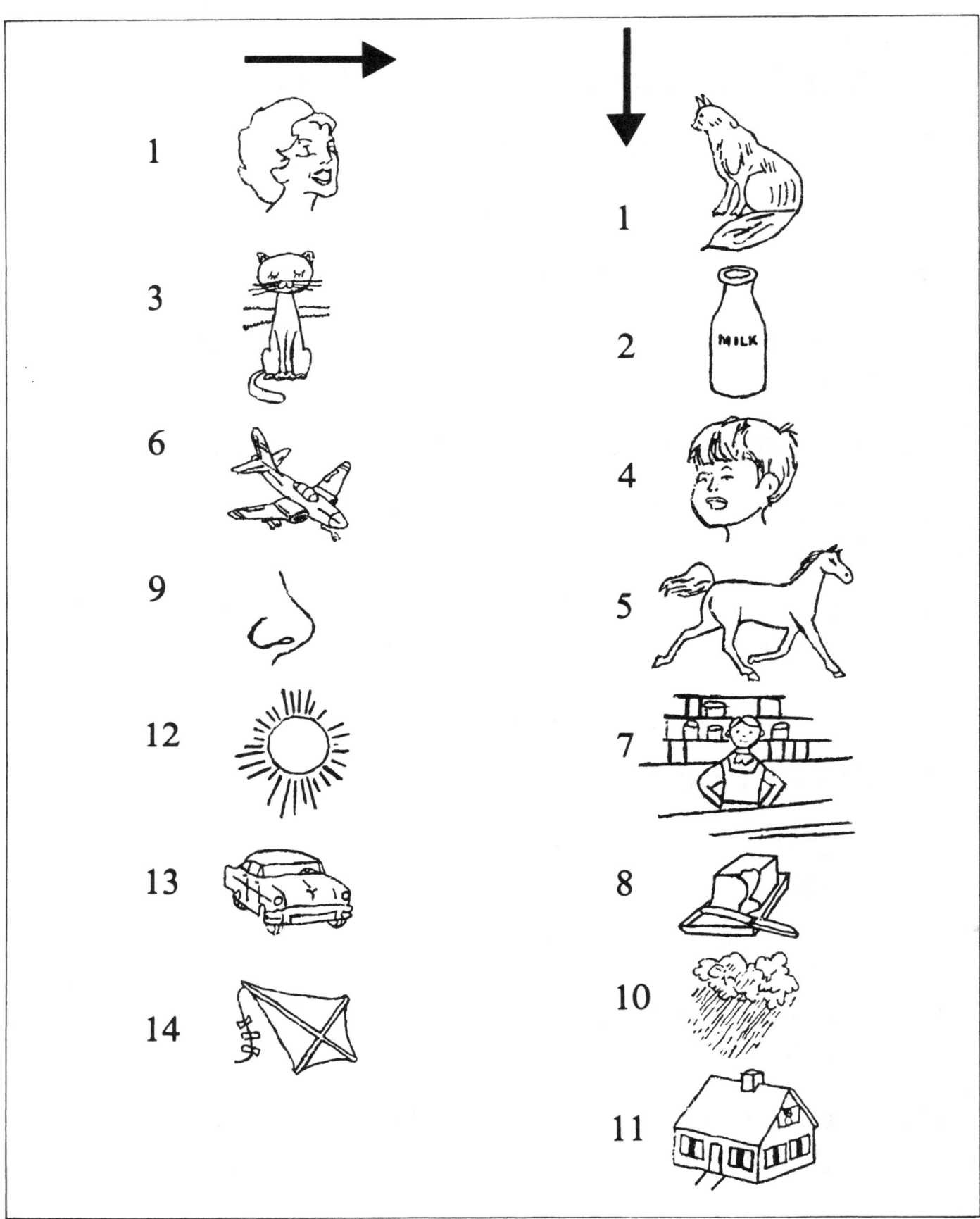

Рисунки до христиківки що на стор. 7.

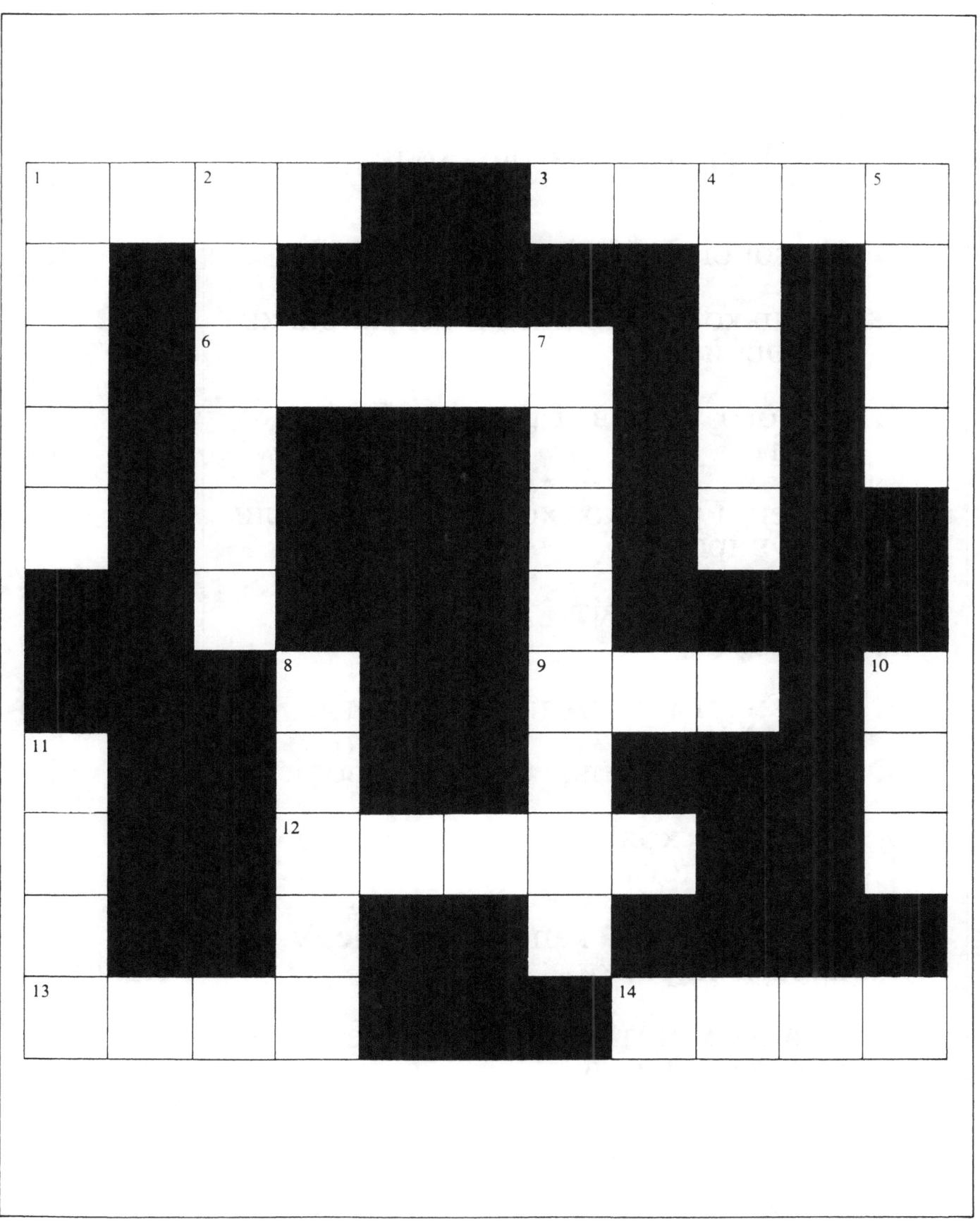

Вправи до стор. 19.
Хрестиківка (Кросворд). Вписувати літери в перехресні рядки клітинок. Цю сторінку вчителька повинна робити з учнями. Відповіді на стор. 73.

1. Чи Грицько завжди ходить у школу?	так ні
2. У торбі Грицько ніс капусту.	так ні
3. Грицько зголоднів і всі пиріжки з торби з'їв.	так ні
4. Одного дня в Грицька болів живіт.	так ні
5. Тепер Грицько ходить до школи без пирогів.	так ні
6. Грицьків живіт, як той котик, надули.	так ні
7. Він потім завжди їв пироги.	так ні
8. Пиріжки завели бій у животі.	так ні
9. Грицько кричить що в нього болить нога.	так ні
10. Грицько мав капелюх і ніс у ньому пиріжки.	так ні
11. Грицько потім уже більше пиріжків не їв.	так ні

Вправи до стор. 19.
Підкреслити «так» чи «ні», щоб була правильна відповідь.

1. Де жила старенька бабуся?

   _____

2. Напиши ім'я кожного котика.

   _____

3. Чи бабуся любила котики?

   _____

4. Де котики грілися?

   _____

5. Куди побіг Мурр, щоб подивитися, чи Няв каже правду?

   _____

6. Чому Мурр, коли подивився на вулицю, та й собі — в ноги?

   _____

7. Чому Шшш став, як неживий?

   _____

8. Який був той собака?

   _____

9. Чому бабуся просила котиків іти швидко?

   _____

Вправи до стор. 20-23.
Написати повну відповідь на кожне питання.

1. Хто завжди носив до школи пироги?	Няв
2. Котрий був найбільший котик?	Оленка
3. Хто любив котиків?	Тарас
4. Хто хотів помагати Тарасові?	Грицько
5. Що світило та гріло?	живіт
6. Хто казав Оленці, що вона може брати те, що хоче?	бабуся
7. Що *боліло у Грицька три дні?	сонце

Нове слово
*боліло

Вправи до стор. 23.
Провести лінію від питання до відповіді.

біло біла білі	страшно старший страшний	сидить сидіти сказало	животі животик неживий
голуб голуби голубам	сидить сиділо ставало	найбільший менший найменший	зроблю зробити зробила
зловлю зловити зловила	махав тримав тримало	зовсім зроблю зробити	бій дні обід
дивися подивлюся дивиться	перший страшний перша	подивитися дивися дивіться	цвях цвяхів цвяха
перейду перейдеш прийду	став ставок ставка	Мурр Шшш Гав	їхати їздити йде
ставка ставок ставати	голосно зголоднів готовий	ходить котиків гріло	тихенько Грицько збудуємо

Вправи до стор. 23.
Перевірка знання слів. Вказівки на сторінці 73.

1. Василь бачив у телевізорі як ракети летять на місяць. Він також захотів _____.

2. Одного дня тато купив ракету. Він дав _____ ракету.

3. Василькова ракета була замала, щоб він міг сісти в неї й полетіти на місяць. Василько _____.

4. Василькові приснилося, що він летить у своїй ракеті на місяць. Він летів усе _____.

5. Василько знав, що плакати не можна. Не було часу плакати, бо вже було видко _____.

6. Ракета почала перевертатися. Василько почав кричати за _____.

7. Василькові снилося, що ракета на місяці впала у воду. Це була вода тільки з _____.

8. Леся тримала горнятко і _____.

Нарисуй ракету, як вона летить на місяць або як вона падає у воду.

сміялася	місяць	горнятка
полетіти на місяць	ліг біля ракети	вище й вище
мамою	Василькові	

Вправи до стор. 24-26.
Доповнити кожне речення словом або висловом, що подані наприкінці сторінки.

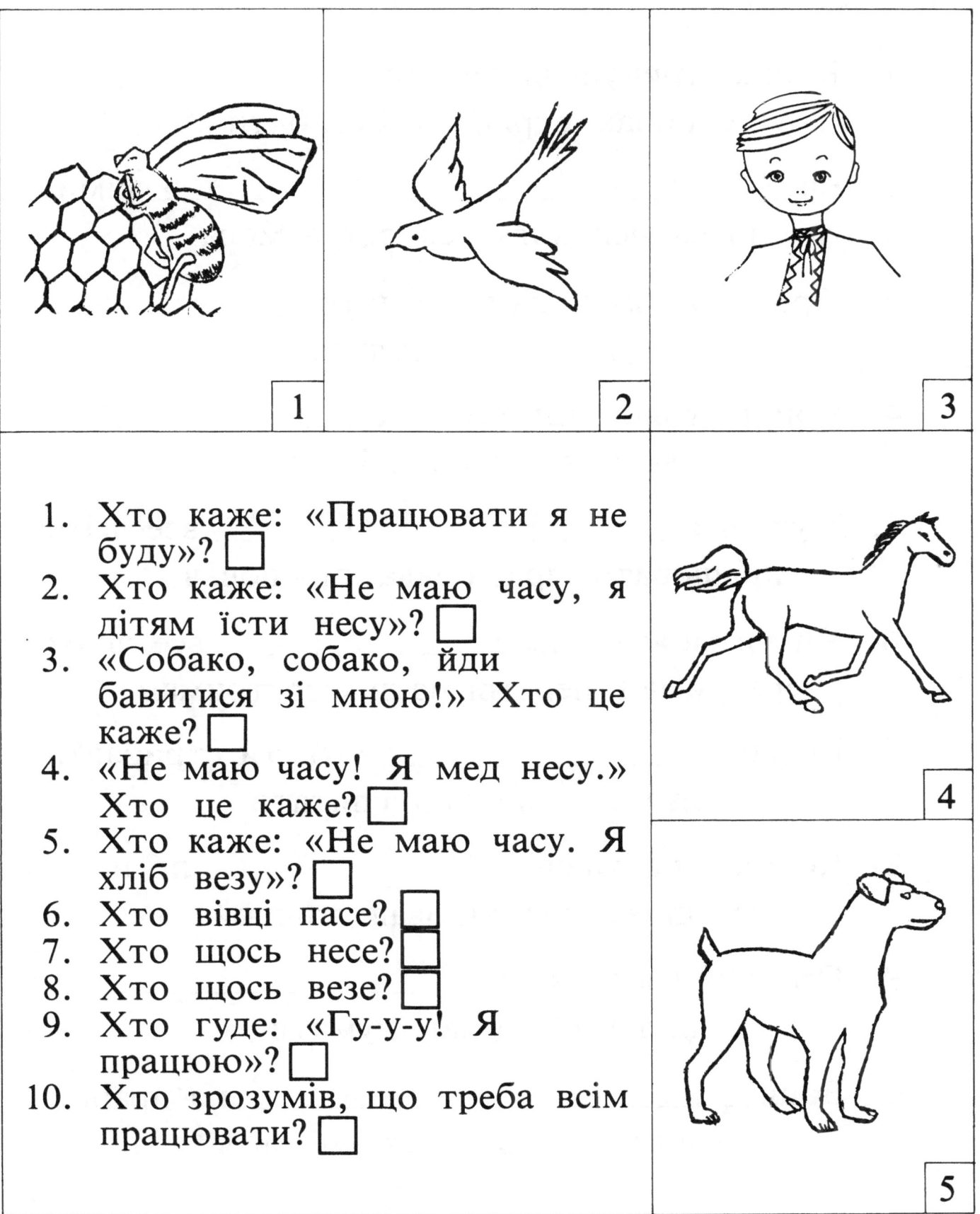

1. Хто каже: «Працювати я не буду»? ☐
2. Хто каже: «Не маю часу, я дітям їсти несу»? ☐
3. «Собако, собако, йди бавитися зі мною!» Хто це каже? ☐
4. «Не маю часу! Я мед несу.» Хто це каже? ☐
5. Хто каже: «Не маю часу. Я хліб везу»? ☐
6. Хто вівці пасе? ☐
7. Хто щось несе? ☐
8. Хто щось везе? ☐
9. Хто гуде: «Гу-у-у! Я працюю»? ☐
10. Хто зрозумів, що треба всім працювати? ☐

Вправи до стор. 27-29.
Напишіть число у квадратах того рисунка що правильно відповідає на питання.

1. Коник-стрибунець завжди _____.
   стрибав стрибала стрибати

2. Він _____ зими.
   злякатися злякався злякаємося

3. Прийшла зима. Холодні вітри _____.
   гуде гуділа гудуть

4. Коник-стрибунець усе літо _____.
   співали співав співати

5. Мурашка _____ все літо.
   працювати працювала працював

6. Чи ти можеш мене _____ все літо?
   перетримай перетримати перетримав

7. Мурашка _____: «Чи ти стрибав?»
   спитала спитало спитати

8. Коник-стрибунець _____ по полі.
   танцювати танцював танцюй

9. Про зиму я не хочу _____.
   подумай думав думати

10. Вони _____ на працю.
    спізнилися спізнився спізнися

11. Він нічим ніколи не _____.
   журилися   журитися   журився
12. Його _____ Коником-стрибунцем.
   називати   назвали   називається
13. Як прийде зима сніг _____ на землі.
   білі   біліє   біло
14. Коник-стрибунець _____ в зеленій траві.
   живуть   жив   жила

(а) Нарисуй мурашку, як вона дітям їсти несе.

(б) Нарисуй, як Коник-стрибунець танцює.

Вправи до стор. 30-31.
Написати на порожньому місці відповідне слово. Прочитати (а) і (б) і нарисувати.

	Оленка робила й робила.
	Оленка взяла дощок і цвяхів.
	Оленка зробила авто.

	Няв став на ноги.
	Няв пішов на вулицю.
	Котики грілися біля хати.

	Василь ліг біля ракети.
	Василькові приснилося, що він летить.
	Василько лежав довго й заснув.

	Ракета впала у воду.
	Ракета полетіла до місяця.
	Василь сів у ракету.

	Коник-стрибунець стрибав усе літо.
	Прийшла зима.
	Він не мав нічого їсти.

Вправи до стор. 31.
Прочитати речення й написати числа за порядком розвитку дії.

Маленька мурашка працювала все літо. Вона збирала поживу, щоб її діти мали що їсти на всю зиму. Мурашка знала, що прийде страшна зима.

Коник-стрибунець не працював. Він співав і стрибав усе літо. Він не думав про зиму.

1. Хто працював усе літо?

   _____

2. Коник-стрибунець мав діти. Чого його діти не мали нічого їсти й пити коли прийшла зима?

   _____

   _____

3. Підкресли ті слова, що кажуть, чому мурашка працювала все літо.

4. Скажи як Коник-стрибунець нагодує своїх дітей.

   _____

Вправи до стор. 31.
Прочитати й написати відповіді.

1. Де жила пташка, мишка й ковбаска?
   _____
2. Що збирала пташка в лісі?
   _____
3. Що носила мишка?
   _____
4. Що робила ковбаска?
   _____
5. Чому ніхто нічого не робив?
   _____
6. Що вони погодилися робити?
   _____
7. Хто з'їв ковбаску?
   _____
8. Де був кінець мишці?
   _____
9. Чого навчає ця казка?
   _____

   Нарисуй пташку, мишку і ковбаску.

варила їсти	завжди жити у згоді	мінятися працею
собака	бо вони посварилися	воду
в маленькій хаті	гілки	в горщику

Вправи до стор. 32-34.
Написати правильні слова на порожньому місці.

1. Коли Василько поїхав до лісу, він узяв _____ .
   візок   саночки   літак

2. Василько бачив зайчика в лісі. Він міг би також побачити _____ .
   ведмедя   рибу   півня

3. Василько зрубав дерево. Що він зрубав? _____
   мак   моркву   ялинку

4. У лісі зайчик скочив на Василька. Що міг цей зайчик робити, що інші зайчики не можуть? _____
   скакати   говорити   їсти

5. «Перше посади ялинку», каже зайчик. «Якщо порубаєте ліси, не буде нам де _____ .»
   всміхнувся   забирати   сховатися

6. Василько казав, що вже ніколи не буде рубати _____ .
   ялинок   ставок   лисиці

7. Зайчик був веселий і подав Василькові сіреньку _____ .
   шапку   лапку   забавку

Вправи до стор. 35-36.
Підкреслити правильну відповідь і написати слова на порожніх місцях.

1. Василько любить дивитися в телевізор. Одного дня він побачив, як ракети летять на місяць. Василькові також захотілося летіти на місяць. Він думав, як би то дістати ракету. Думав, думав аж заснув. Йому приснилося, що він летить на місяць.

_____ Василько летить на місяць.

_____ Він дивиться в телевізор.

_____ Йому захотілося летіти на місяць.

_____ Він думав, як би то дістати ракету.

2. Одного дня Василько поїхав до лісу по ялинку. Там він побачив ведмедя. Ведмідь йому сказав, де гарні ялинки. Василько знайшов гарну ялинку, зрубав її, але зайчик почав її забирати.

_____ Василько бачить ведмедя.

_____ Зайчик почав забирати ялинку.

_____ Василько поїхав до лісу.

_____ Ведмідь сказав, де гарні ялинки.

Вправи до стор. 36.
Прочитати і написати на порожніх місцях числа відповідно до послідовности дії.

1. Сонце світило та гріло.
2. У ставку живуть зелені жаби.
3. Діти мали ракету й бавилися.
4. Бджола несе мед додому.
5. Хлопець пасе корови.
6. Мама дає дітям пиріжки.
7. Мурашка несе щось їсти.
8. Хлопець везе ялинку на санках.

Вправи до стор. 36.
Підшукати речення до кожного рисунка. Написати число речення на відповідному рисунку.

1. Данило рубав   русалка.
2. Сокира вилетіла   була золота.
3. Данило не мав   правду.
4. З води випливла   дерево біля річки.
5. Данило дуже   була звичайна.
6. Перша сокира   свою сокиру.
7. Друга сокира   грошей купити сокиру.
8. Третя сокира   зажурився.
9. Данило сказав   була срібна.
10. Хома втратив   і впала у воду.

Пиши відповіді

(а) Як Данило дістав усі три сокири?

_____

_____

_____

(б) Чому Хома втратив навіть свою сокиру?

_____

_____

_____

Вправи до стор. 41.
Провести лінію від початку речення до відповідного закінчення.
Написати відповідь до (а) і (б).

1. Іван і Степан були _____.	брати сусіди подорожні
2. Вони _____ лісом.	йшли їхали летіли
3. _____ швидко поліз на дерево.	Степан Іван Ведмідь
4. Ведмідь _____ Степана.	понюхав говорив до втікав від
5. Іван хотів знати, _____.	куди ведмідь пішов що ведмідь говорив де ведмідь тепер
6. Добрі друзі не тікають і не лишають друга _____.	в лісі в листі в небезпеці

Вправи до стор. 42.
Написати на порожньому місці відповідне слово або вилсів.

Вправи до стор. 42.
Хрестиківка (Кросворд). Вписати літери в перехресні рядки клітинок. Відповіді на стор. 74.

живе в лісі　　　　　　　лежить на ліжку
живе в хаті　　　　　　　їсть
великий　　　　　　　　живий
менший　　　　　　　　неживий
забавка　　　　　　　　страшний

Вправи до стор. 42.
Написати ті слова або вирази, що описують рисунок.

1. Бабуся мала гарну хату.
   Вона також мала город_____.
         в лісі   коло хати   на хаті
2. Бабуся хотіла йти на город.
   Вона вийшла_____.
       від хати   біля хати   з хати
3. Петро мав червоні бальони.
   Він хотів, щоб бальони летіли
   _____.
      понад дерево   під дерево   у дерево
4. Рябко побачив Василька.
   Він перескочив_____.
       на ворота   за ворота   ворота
5. Ведмідь понюхав стіл.
   Тоді він пішов_____.
        у ліс   на ліс   під ліс

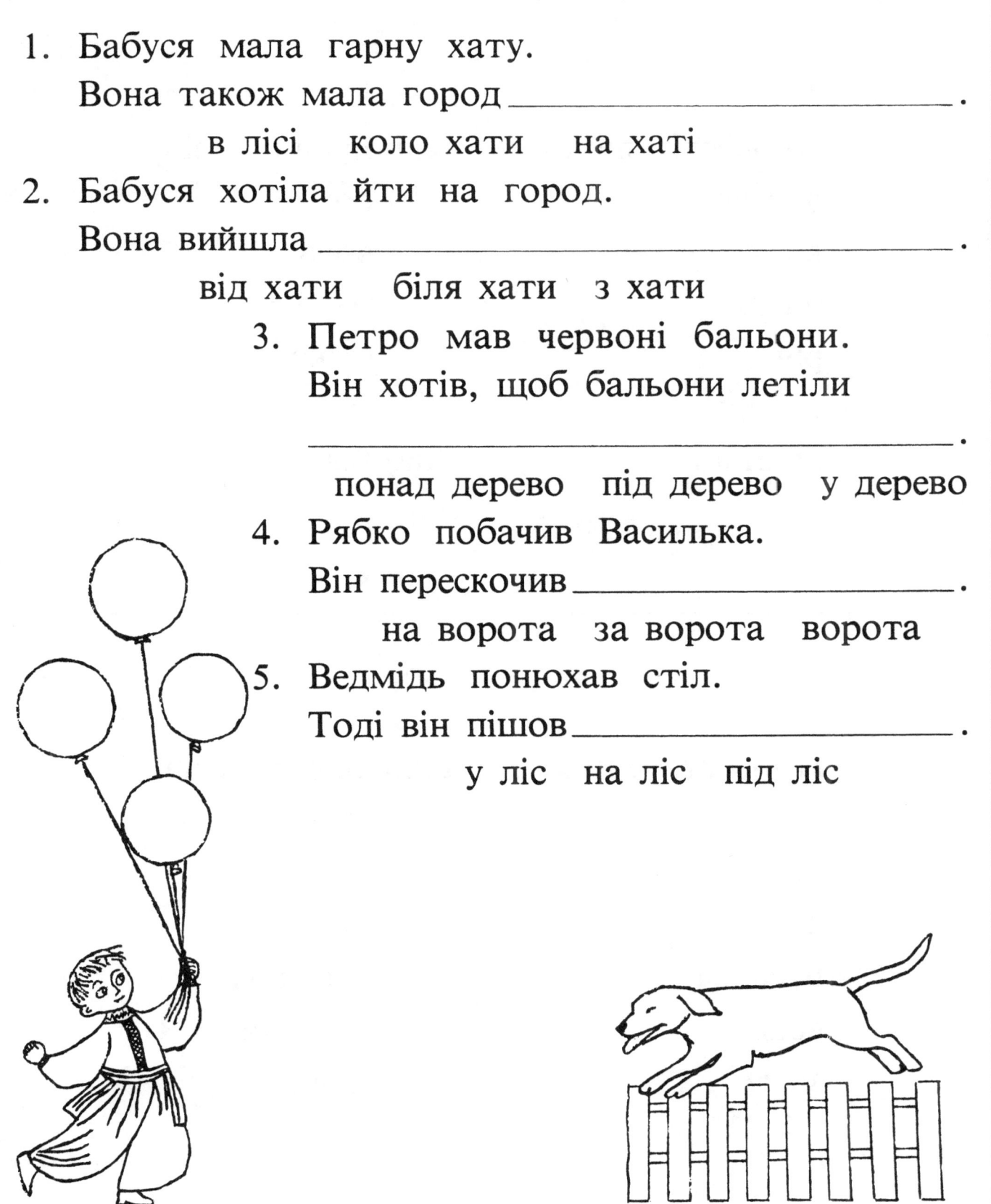

Вправи до стор. 42.
Підкреслити правильні відповіді.

Провести лінію до відповідних слів.

дерево	роги
вовк	вода
олень	золота
річка	гілки
сокира	зуби
криниця	(на) бе́резі

Провести лінію до відповідних слів.

ведмідь	гарні
роги	страшна
ноги	гаряча
русалка	тоненькі
вода	великий
зима	гарна

Вправи до стор. 44.
Провести лінію до відповідних слів.

швидко

скоро

Напиши швидко або скоро.

1. Лисичка-сестричка _____ біжить і вже _____ буде біля дерева.
2. Лисичка-сестричка біжить _____, але рак-неборак _____ буде біля дерева.
3. _____ йди до школи, бо _____ дзвінок буде дзвонити.
4. Літак летить _____. Дядько й тітка _____ будуть тут.
5. Тато їде _____, бо _____ прийдуть гості.
6. _____ біжи Тарасе до хати, бо _____ буде дощ.
7. Він працює _____ бо хоче _____ йти додому.
8. Гості прийдуть до нас _____ тому мені треба _____ йти додому.

Вправи до стор. 45-48.
Написати на порожньому місці відповідне слово подане в квадратах під рисунками.

Хто, або що

1. хотіло бути біле як голуби? _____
2. ловила чорну муху у ставку? _____
3. любила каченя? _____
4. працює все літо? _____
5. закричав «ку-ку-рі-ку!»? _____
6. бій завели в животі? _____
7. ішли в гості до бабусі? _____
8. гуркотіла, бухкала і впала в воду? _____
9. лізе помаленьку? _____
10. усе літо співав? _____
11. варила їсти? _____
12. з'їв ковбаску? _____
13. не хотів дати ялинки? _____
14. усе літо носить мед? _____
15. хотів би мати кращі ноги? _____
16. понюхав Степана? _____

котики	олень	ведмідь	собака
зайчик	біла гуска	зелена жаба	бджола
ворона	півень	коник-стрибунець	пиріжки
мурашка	ковбаска	рак	ракета

Вправи до стор. 48.
Прочитати й написати відповіді, вживаючи подані слова.

1. Коза жи_____ в лісі.	ти ла ли
2. Вона зробила собі хат_____.	у а і
3. У неї бу_____ діти.	ти ли в
4. Це були малі козенят_____.	а ти ам
5. Коза казала: «Відімкн_____ двері.»	іть яли уть
6. Коза пішла принести молок___.	у о и
7. Вовк почу____, як коза співала.	є в ю
8. Козенята каза_____: «Чуємо, чуємо».	ли ми ла
9. Але це не голос нашої мам___.	а і и
10. Козенята сказали мам____, що вовк до них приходив.	а і и
11. Вовк хоч_____ козенят з'їсти.	у е а
12. Нікому не відчиняйт____ дверей.	і е а

Вправи до стор. 49-51.
На порожньому місці написати ті звуки які правильно закінчують недокінчене слово.

пускати стукає постояв	відімкніть відчиніть відчиняйте	почують постояв пускати	тонкий тихенько радісно
пізнали згубили розповів	злякався замкнути тікають	розказали подивлюся напитися	поживу чекають чесний
козенятам листі плавати	покаже небезпеці гарячу	духу дріжджі дружив	заклад значить лишають
стати чути вітри	куриться напитися журитися	правдивий нерозумний смачний	добіжить клацнув пірнала
сховатися запитався зажурився	заспівав небезпеці стратив	неживий страшний нечесний	ніби потім посади
зліз зникла згоді	вухо лісом хвилин	візьми взяти взувся	русалка кожушину чобітки

Вправи до стор. 51.
Перевірка знання слів. Вказівки на сторінці 74.

	Пташка дістала воду з криниці.
	Пташка полетіла до криниці.
	Вода почала кипіти в горщику.

	Василько одягнувся в кожушину.
	Зайчик не пустив ялинки.
	Він пішов у ліс і зрубав ялинку.

	Русалка принесла сокиру Данилові.
	Його сокира впала у воду.
	Данило рубав дерево біля річки.

	Олень побачив себе у воді.
	Олень сказав: — О які гарні в мене роги.
	Олень прийшов до річки напитися води.

	Голодний вовк прийшов.
	Коза пішла в ліс, дістати поживу.
	Козенята замкнули двері.

Вправи до стор. 51.
Прочитати речення й написати числа за порядком розвитку дії.

1. Бабуся пішла в ліс назбирати _____ .	хлопчиків
2. У лісі вона побачила велику _____ .	золота
3. У печері побачила дванадцять _____ .	негарні
4. Бабуся казала: — Усі місяці дуже _____ .	дому
5. Місяці насипали в кошик _____ .	сусідка
6. Узяла бабуся кошик до _____ .	ягоди
7. До бабусі прийшла _____ .	каміння
8. Сусідка побігла в _____ .	ліс
9. Сусідка казала: — Усі місяці _____ .	печеру
10. Місяці насипали сусідці в кошик _____ .	гарні

Вправи до стор. 55.
Написати на порожньому місці одне зі слів, поданих у квадраті.

1. Коло хатинки бабуся мала _____ город.	мамин малий мій
2. Бабуся з хати вийшла та й сіла на _____ .	порозі поле подарунок
3. Бабуся побачила, що _____ почала на грядці рухатися.	котик капуста коза
4. Капуста спитала бабусі, де вони будуть _____ .	завжди зараз зимувати
5. _____ вже заходило.	сонце сир сховати
6. Перед бабусею ставала кожна _____ й дивилася на неї.	курчата курка котик
7. _____ став перед бабусею і заспівав: «Ку-ку-рі-ку!»	півень пісня порозі
8. Коли бабуся встала, то побачила, що городина ще на _____ .	грядці горох горі
9. _____ відповіла, що то тільки бабусі снилося.	городина капуста петрушка

Вправи до стор. 56-59.
Написати на порожньому місці відповідне слово.

1. Давно, давно на світі всі троянди були _____.
   Намалюй таку троянду.
       червоні білі жовті

2. Одного ранку на неї дивилося _____. Намалюй те, що на неї дивилося.
       світло порося сонце

3. Сонце казало що троянда така гарна як_____. Намалюй свою відповідь.
       царівна цукорок церква

4. Коли троянда почула таку хвалу то вона _____. Намалюй яка тепер троянда.
       прокинулася почервоніла
       подивилася

5. Чи є ще інші троянди?_____
   Як є то *намалюй їх.
       так ні не знаю

Нове слово
*намалюй

Вправи до стор. 60.
У кожному квадратику зробити все за вказівками.

Нарисуй		
червона троянда	стара бабуся	малий город
дві грядочки	червоний буряк	вовк із великими зубами
золота сокира	семеро козенят	гарний олень
лисичка	рак	страшний ведмідь
русалка	жовтий кожух	коник-стрибунець

Вправи до стор. 60.
Нарисувати те, що написане.

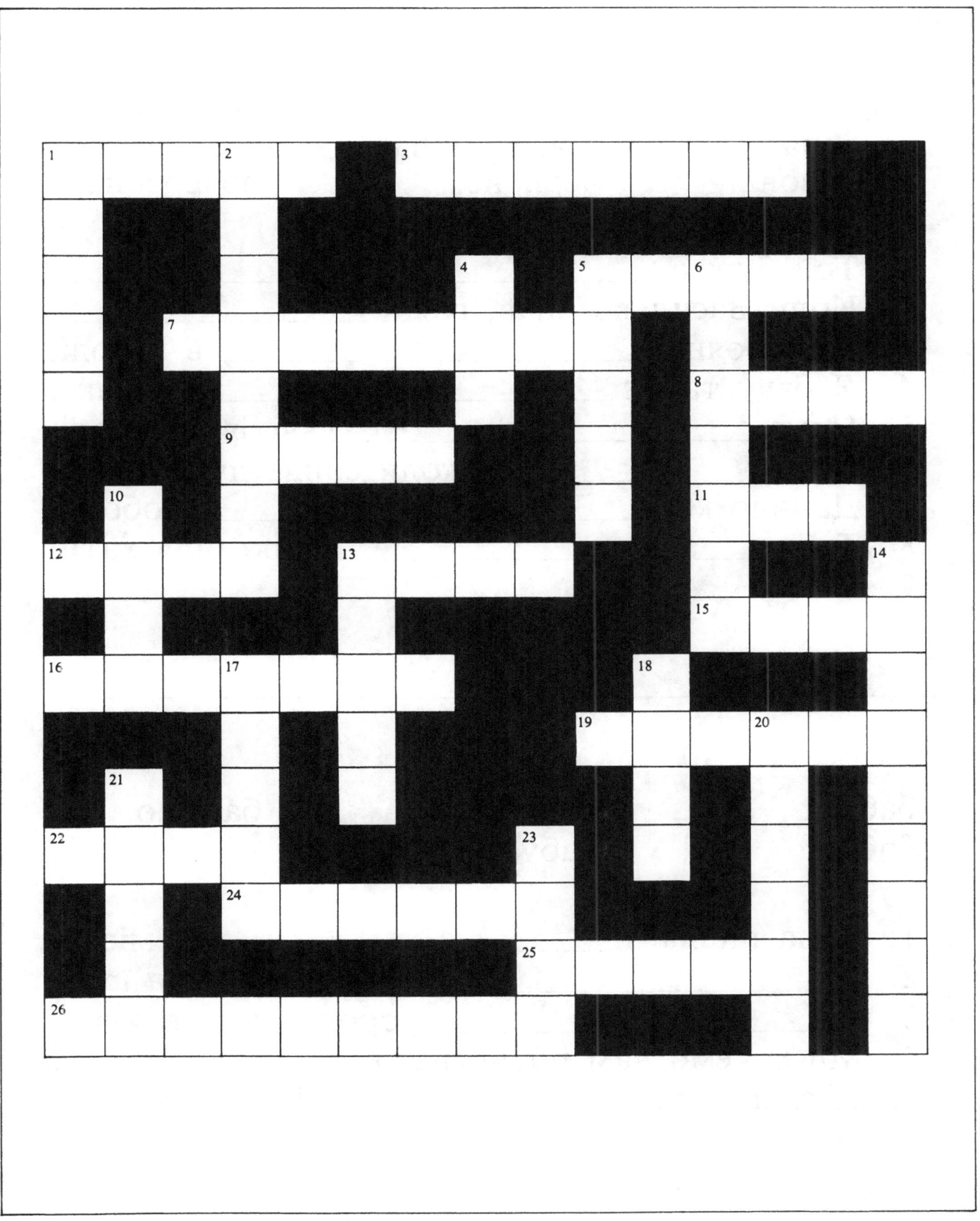

Вправи до стор. 60.
Хрестиківка (Кросворд). Вписати літери в перехресні рядки кліток. Відповіді на стор. 75.

червоних   червоний   почервоніло
червона   почервоніла   червоні
почервонів   червоне   почервоніли

1. Той буряк _____.
2. Коли Василько впав, він _____.
3. Усі троянди _____ в городі.
4. Я бачу там є _____ шапочка.
5. Нема _____ квітів у городі.
6. Вона _____, коли сонце дуже гріло.
7. Данило має _____ чоботи.
8. Там _____ відро біля хати.
9. Сонце _____.

бабуся   бабусин   бабусю
бабусі   бабусею

1. Вона пішла з _____ до міста.
2. _____ зварила їсти.
3. _____ город дуже великий.
4. Ми хочемо вам подякувати, _____.
5. Місяці дали _____ багато золота.

Вправи до стор. 60.
Написати правильну форму слова.

1. Бабуся мала город.
   Город був коло хати.
   Бабуся мала _____
   _____

2. Троянда була гарна.
   Вона була така гарна, як царівна.
   Троянда була _____
   _____

3. Лисичка бігала в лісі.
   Вовк бігав у лісі.
   _____ бігали в лісі.

4. Астронавт летів на місяць.
   Він летів у ракеті.
   Астронавт летів _____
   _____

5. Люди рубають багато ялинок.
   Зайчики не мають де сховатися.
   Як що люди зрубають _____
   _____

Вправи до стор. 60.
Прочитати й сполучити два речення в одне.

Івасику Івасик Івасика Івасикові	дід дідові діду діда	баби бабусі баба бабусю	Оленку Оленки Оленко Оленка
хотіла хотів хотіли хотіти	ловить ловити лови наловив	прийти прийде прийшла прийшов	спечи спекла спекти спечу
Ковалю Коваля Коваль Ковбаска	сіло сідати сідай сидить	дерево деревом дереві дерева	гріло гризе гризла гризти
Данила Данило Данилові Даниле	їсти з'ївши наїлася наїсться	одні одного одному один	маленькому маленького мале маленьке

Вправи до стор. 68.
Підкреслити корінь слова, до якого належать йнші споріднені слова.

1. Івась — Івасик
2. баба
3. дід
4. риба
5. гуска
6. город
7. пиріг
8. хата
9. чоботи
10. кінь
11. нога
12. казка
13. живіт
14. сестра
15. Василь
16. хлопець
17. дошка

рибка
гуся
животик
хатинка
городчик
Івасик
сестричка
бабуся
хлопчик
казочка
Василько
дідусь
чобітки
ніжка
коник
дощечка
пиріжок

Вправи до стор. 68.
Провести лінію від іменника до здрібнілої форми (демінітива) іменника.

Пан Коцький

1. Що цей господар мав?
   _____

2. Чого цей кіт не міг ловити мишей?
   _____

3. Куди господар відвіз кота?
   _____

4. Коли лисичка спитала кота, хто він, що відповів кіт?
   _____

5. Чого хотіла лисичка від пана Коцького?
   _____

6. До кого хотів зайчик іти в гості?
   _____

7. До кого побіг зайчик на пораду?
   _____

8. Чому вони хотіли запросити лисичку й пана Коцького на обід?
   _____

9. Хто пішов їх запросити?
   _____

10. Де заховався вовк?
    _____

11. Куди поліз ведмідь?
    _____

12. Де заховався дикий кабан?
    _____

13. Куди поліз зайчик?
    _____

14. Що побачив кіт на столі?
    _____

15. Куди виліз пан Коцький їсти?
    _____

16. Чому Кабан порухав хвостиком?
    _____

17. Чому кіт вкусив хвіст кабана?
    _____

18. На яке дерево скочив пан Коцький?
    _____

19. Чому поліз ведмідь вище й вище?
    _____

20. Що сталося, коли ведмідь поліз вище?
    _____

зайчик	кота	лисички	пан Коцький
у ліс	чоловік	старий	звірів
зламалося	на дерево	комаря	ведмідь
нового звіра	на стіл	лізе	багато м'яса
в кущ	за кущем	в листя	мишка

Вправи до стор. 78.
Написати повні відповіді, вживаючи подані слова.

Зайчик покликав звірів на нараду. Нарисуй ліс й всіх звірів, що прийшли на ту нараду й напиши назву під кожним із них.

Вправи до стор. 78.
Нарисуйте звірів і підпішіть під кожним назву.

Провести лінію між спорідненими словами.

фармер	хліб
різник	молоко
пекар	сіно
котик	хвіст
мишка	м'ясо

троянда	буряк
царівна	городина
морква	вода
корова	ноги
дерево	червона
відро	молоко
ліс	гарна
півник	козенята
хата	гілки
коза	дерево
грядочка	двері

Вправи до стор. 82.
Провести лінію між спорідненими словами.

1. Хто _____ тобі молоко?

   Чи він _____ тобі хвостик?

   Я не _____ тобі книжки.

   Треба _____ хвостик.

   віддам   віддасть   віддати   віддав

2. Прошу _____ молоко до міста.

   _____ молоко від корови.

   Чи ти _____ сіна від фармера?

   Хто _____ м'ясо фармереві?

   несе   нести   принеси   принесеш

3. Там _____ пече хліб.

   Мишка пішла до _____.

   Пане _____, що Ви спекли?

   пекаря   пекар   пекарю

4. Васильку! _____ нам пиріжок.

   Пане Різниче, _____ мені м'яса.

   Хто тобі _____ вечерю?

   Не _____ мені так багато.

   дасть   дайте   дай   давай

Вправи до стор. 82.
Написати на порожньому місці відповідне слово, вживаючи кожне слово тільки один раз.

☐ Бабуся побачила печеру.
☐ Бабуся пішла збирати ягоди.
☐ Бабуся зайшла в печеру.

☐ Півень збудив кури й курчата.
☐ Півень заспівав: «Ку-ку-рі-ку!»
☐ Сонце вже сходить. Ранок.

☐ Дід зробив Івасикові човен і весельце.
☐ Івасик почав ловити рибу в озері.
☐ Мама спекла рибу, що Івасик зловив.

☐ Дерево зламалося.
☐ Ведмідь упав на вовка.
☐ Ведмідь поліз високо на дерево.

☐ Котик віддав мишці хвостик.
☐ Котик відкусив мишці хвостик.
☐ Мишка принесла котикові молока.

Вправи до стор. 82.
Прочитати речення й написати числа за порядком розвитку дії.

Казочка

Чому котики хочуть ловити мишей?

Чому кожна мишка втікає від котика?

Це сталося давно, давно. Колись усі тварини жили в згоді — були друзі. Котики й мишки жили дуже добре у згоді.

Тоді щось таке сталося: котики й мишки *вважали, що хвостики в них найкращі. Котики любили свої великі хвости, а мишки любили свої довгі, тоненькі хвостики.

Одного дня стрілися одна мишка і два котики. Мишка сказала їм, що у мишей кращі хвостики, ніж у котиків.

Зі злости котики почали бігти за мишкою. Вони бігли за мишкою, поки вона не втекла до своєї дірки.

Від того часу котики завжди *ловлять мишей.

Нові слова: *вважали
              ловлять

1. Котики й мишки завжди любили свої хвостики.   так   ні
2. Котики казали мишці, що в котиків кращі хвостики.   так   ні
3. Котики мають тоненькі хвостики.   так   ні
4. Давно колись усі тварини жили в згоді.   так   ні
5. Мишки ловили котиків.   так   ні
6. Мишей ловлять котики.   так   ні

Вправи до стор. 82.
Прочитати й підкреслити правильну відповідь — «так» або «ні».

1. Взяла бабуся відро   за бабусею.

2. Внучка пішла   на голову.

3. Мишка вилізла   зі страху.

4. Яблуко бухнуло   й пішла по воду.

5. Зайчик скочив   зі своєї дірки.

---

1. Внучка впала   з яблуні.

2. Зайчик   й розлила воду.

3. Півень злетів   заспокоїлася.

4. Мишка вилізла   злякався.

5. Бабуся трохи   з листя.

Вправи до стор. 87.
Провести лінію від початку речення до відповідного закінчення.

заховався заспокоївся захотілося	піти пити піду	навколо набрали налякало	просто поїсть позаду
захиталася злякалася заспокоїлася	повні подув попереду	яблуня яблуню яблунею	усієї усіх втік
вилізла лізти полізу	свіжої жінку ніякої	внучка живіт з'ївши	мудрий живий шусть
дасть дайте задні	віддасть втікати вийшла	висунувся радитися зігнати	укусив лізти пізнав
наїсться стрілися схопився	тихенько тріснув тріщати	меду м'ясо мишка	закуску задні замкнув
картопля коваль царівна	виліз гризла відвіз	вечерю ревіти снилося	вхопила послухав приплинь

Вправи до стор. 87.
Перевірка знання слів. Вказівки на сторінці 75.

Напиши повні відповіді на питання.

1. Звідки вилізла мишка?
   _____

2. Чого вони набрали у відро?
   _____

3. Що росло біля дороги?
   _____

4. Де впало яблуко?
   _____

5. Всі казали, що вони були щасливі, бо вони врятувалися.

Напиши біля кожного від чого вони врятувалися.

бабуся _____

внука _____

півень _____

мишка _____

ведмедя	свіжої води	лисиці
кота	на голову зайчика	вовка
яблуня	півень	своєї дірки

Вправи до стор. 87.
Напишіть повну відповідь, вживаючи подані слова.

Прочитай і нарисуй.

1. Батько купив хлопцеві три цапи.
   Нарисуй що тато купив.

2. Хлопець гнав цапів додому. Вони залізли у пшеницю. Нарисуй що хлопець зробив, коли не міг вигнати цапів.

3. Прийшов зайчик помогти вигнати цапів. Нарисуй зайчика.

4. Тоді прийшов лис помогти їм. Нарисуй його тут.

5. Прилетіла бджола і вкусила цапа. Вони всі вибігли з пшениці. Хто вигнав цапів із пшениці?

Вправи до стор. 90.
Прочитати й нарисувати відповідний рисунок.

Батько купив хлопцеві три _____.
Хлопець гнав їх _____. Одного разу залізли
вони в _____. Хлопець не міг їх
_____. Прийшов до нього _____
помогти йому. І він не міг вигнати цапів і
також почав _____. До них прийшов лис.
_____ бігав, бігав, але не міг вигнати цапів.
Коли вони всі плакали, прилетіла до них _____.
Вона сказала, що їм _____.
Вони всі почали _____. Як така
_____ бджола може зробити те, чого
більші не можуть? Бджола _____ одного
цапа. Тоді всі цапи _____ з
пшениці. Хлопець _____ цапів додому.

Слова

поможе	вкусила	цапи	лис
погнав	вигнати	пшеницю	бджола
плакати	вибігли	зайчик	сміятися
	пасти	мала	

Вправи до стор. 90.
Написати на порожньому місці відповідне слово.

ЩО Я?

1. Оленка мене зробила.
   Вона зробила мене з дощок.
   Я їду і кажу, «Ту-ту-ту!».
   Я _____.

   ракета
   авто
   літак

2. Я вмію плавати.
   Я випливла з води до Данила.
   Я показала Данилові сокиру.
   Я _____.

   русалка
   риба
   річка

3. Мене можна побачити ввечері.
   На мене треба дивитися високо.
   Ракети летять до мене.
   Я _____.

   сонце
   хмари
   місяць

4. Я живу в лісі.
   Я маю роги.
   У мене семеро козенят.
   Я _____.

   коза
   олень
   корова

5. Я була біла.
   На мене довго дивилося сонце.
   Я почервоніла.
   Я _____.

   ялинка
   троянда
   яблуня

Вправи до стор. 90.
Прочитати й відгадати. Відповіді на стор. 76.

1. Не добре їсти зелених яблук. Півник не _____ курочки. Кого півник не послухав?_____	послухай послухає послухав
2. Півник наївся забагато яблук. Його животик почав _____. Чого півник з'їв забагато?_____	болить боліти болів
3. Лікар — наш помічник. Він дає нам _____. Коли ти захворієш, хто тобі поможе?_____	лікар лікаря ліків
4. Коли нам гарячо, тоді не можна пити холодної _____. Хто захворів, коли напився холодної води? _____	воду води вода
5. З _____ можна навчитися, що робити, щоб добре жити. Кого діти мають слухати?_____	казочка казочки казали

Вправи до стор. 93.
Прочитати й написати відповідне слово на порожньому місці. Дати повну відповідь.

Ведмідь і Лис

Давно колись ведмеді мали довгі *хвости.

Одного дня ведмідь і лис стрілися біля річки. Лис мав рибку.

— Де ти дістав таку рибку? — спитав ведмідь.

— Я зловив собі у річці, — відповів лис. — Ходи, я тобі покажу, як ловити рибу.

Ведмідь любить їсти рибу й пішов з ним до річки на лід.

— Сядь тут на лід і *спусти хвіст у дірку. Сиди так аж до ранку, — сказав лис. — Тоді ти будеш мати багато риби.

Сидів ведмідь, сидів, уже й хвіст почав замерзати.

— Чи вже час? — він запитав.

— Ні, чекай ще, — відповів лис.

Нараз ведмідь почув: «Гав! Гав!» Собака! Ведмідь — у ноги, а хвіст лишився в льоду.

Від того часу у всіх ведмедів маленькі хвостики.

Чого можна навчитися з цієї казки?
_____
_____

Що сталося з хвостом?
_____
_____

Нарисуй ведмедя, що має довгий хвіст.

Нові слова: *хвости
спусти

Вправи до стор. 93.
Прочитати й написати повні відповіді, а також нарисувати картинку.

Написати відповіді.

1. Що зловив чоловік? _____
2. Що хотів чоловік зробити з ним? _____
3. Що чоловік мав дістати, якби пустив горобця? _____
4. Які то були корисні науки? _____
_____
_____
5. Чому чоловік пустив горобця? _____
6. Що є в животі у горобця? _____
7. Чому чоловік хотів знову горобця зловити? _____
8. Чому горобець думав, що чоловік нерозумний? _____
9. Що сталося з *горобцем? _____

Нове слово: *горобцем

1. Один чоловік   «Я тебе відпущу.»

2. Він хотів його   новинкам.

3. Горобець дав   з'їсти.

4. Чоловік казав   горобця.

5. Не шкодуй за тим,   зловив горобця.

6. Не шкодуй за тим, чого   знову зловити горобця.

7. Не вір неправдивим   три корисні науки.

8. Чоловік пустив   вже не можеш дістати назад.

9. В животі горобця   в золоту клітку.

10. Чоловік хотів   що вже сталося.

11. Я посаджу тебе   далеко в ліс.

12. Горобець полетів   є перлина.

Вправи до стор. 96.
Провести лінію від початку речення до відповідного закінчення.

Намалюй

клітку і горобця

півник ковзається на льоду

бджола сидить на хвості цапа

котик ловить мишку

лисичка в лісі

олень із тонкими ногами

ковбаска йде по гілки

ракета, що її Тарас зробив

Вправи до стор. 97.
Намалювати відповідні картинки у квадратах.

1. Мама не любила одного хлопчика.
   Вона його _____ Човей.
   Мама дуже любила другого хлопчика.
   Вона його _____ Тікі-Тікі-Тембо-Нов-Сарембо-Герій-Берій-Бруський-Перій-Пендов-Гікі-Пам-Пам-Нікі-Нов-Міаміо Дом-Борі-Ков.

   назвала   кликала

2. Один хлопчик _____ на крісло.
   Другий хлопчик _____ криницю.

   перескочив   скочив

3. _____ разу хлопчики бавилися біля криниці. _____ хлопчик перескочив _____ раз.

   один   одного

4. Нехай садівник Човія _____.
   Лікар _____ Тікі-Тікі-Тембо-Нов-Сарембо-Герій-Берій-Бруский-Перій-Пендов-Гікі-Пам-Пам-Нікі-Нов-Міаміо-Дом-Борі-Ков.

   урятував   рятує

Вправи до стор. 102.
Прочитати й написати відповідне слово на порожньому місці.

☐	Бабуся пішла по воду.
☐	— Я піду до річки, — сказала бабуся.
☐	Вона принесла відро води.

☐	Вітер подув і одне яблуко впало.
☐	Яблуко впало на голову зайчика.
☐	Зайчик спав під яблунею.

☐	Зайчик побіг просто на півника.
☐	Злетів півник із яблуні.
☐	Півник злякався й вилетів на яблуню.

☐	Бджола вкусила одного, і цапи вибігли.
☐	Цапи залізли в пшеницю.
☐	Хлопець хотів вигнати цапів.

☐	Лікар дав півникові ліків.
☐	Курочка *покликала лікаря.
☐	Півник з'їв забагато зелених яблук.
	Нове слово: *покликала

Вправи до стор. 103.
Прочитати речення й написати числа за порядком розвитку дії.

1. Зайчик _____ куди скакати. 2. Не _____ принести мені яблуко. 3. Вони _____ про пригоду. 4. Діти часом _____ прийти на обід.	забула забудь забувають забув
1. _____! _____! Мене _____! 2. Хлопчик _____ котика. 3. Діти _____ мале порося. 4. Треба _____ Човія.	врятували рятуй рятувати рятує
1. Це дуже _____ чоботи. 2. Ой, де мій _____ синочок? 3. Куди моя _____ бабуся пішла? 4. Він _____ синок.	дорога дорогі дорогий дорогенький
1. Давно в Японії _____ хлопців довгими іменами. 2. Тепер вони _____ їх короткими іменами. 3. Як мама тебе _____? 4. Як ти хочеш _____ котика?	назвала називали назвати називають
1. Мама казала _____ не скакати. 2. Один _____ не послухав мами. 3. Мама *послала другого _____. 4. Що він тому _____ робив? Нове слово: *послало	хлопчика хлопчикам хлопчикові хлопчик

Вправи до стор. 103.
Написати на порожньому місці відповідну форму слова.

Напиши повні відповіді.

1. Що чоловік дав найстаршому синові?

   _____

2. Що чоловік дав молодшому синові?

   _____

3. Що чоловік дав наймолодшому синові?

   _____

4. Чого Борис зажурився?

   _____

5. Що Котик-Мудрик хотів від Бориса?

   _____

6. Чого він набрав у мішок і куди він пішов?

   _____

   _____

7. Як Котик-Мудрик зловив зайчика?

   _____

8. Що князь дав панові Борисові?

   _____

9. Що Борис купив за ті гроші?

   _____

10. Куди ходив князь із дочкою Іриною кожного понеділка?

    _____

11. Що Котик-Мудрик сказав зробити Борисові біля річки?

___

12. Що сталося з його паном?

___

13. Куди взяв князь Бориса і що йому дав?

___

14. Що сталося за тиждень?

___

15. Чи це правдива казка чи *байка?

___

16. Чому ти так кажеш?

___

17. Що тобі *сподобалося найбільше?

___

___

18. Нарисуй Котика-Мудрика й золоту корону.

Нові слова: *байка
             сподобалося

Вправи до стор. 112.
Прочитати питання й написати повні відповіді.

Провести лінію до відповідних слів.

велике	люди
короткі	синочок
визначні	бджола
славний	імена
дорогенький	наука
корисні	весілля
смішна	лід
тонкий	князь

золоту	братові
княжною	чоловіком
неправдивим	корону
найбагатшим	сестрички
кожного	новинкам
наймолодшому	яблук
старшої	Іриною
зелених	понеділка

1. Бабуся пішла по воду.
   Бабуся пішла _____ по воду.
        до хати   до річки   у ліс

2. Хлопець не міг вигнати цапів.
   Хлопець не міг вигнати цапів _____ .
     із пшениці   із стайні   з майданчику

3. Півникові захотілося поковзатися.
   Півникові захотілося поковзатися _____ .
      на траві   на ставку   на льоду

4. Садівник поставив драбину.
   Садівник поставив драбину _____ .
      у криницю   у річку   у стайню

5. Гуска знесла яйце.
   Давно колись одна гуска знесла _____ .
    золоте яйце   золоту корону   золоту сокиру

Вправи до стор. 112.
Прочитати й написати повні відповіді.

1. Що олень має на голові?
2. Які ноги у півника?
3. Як Рак-неборак лізе?
4. Хто застукав у двері козенят?
5. Колись Троянда була біла. Тепер вона
6. Що котик відкусив мишці?
7. Що взяв півник, щоб принести води?
8. Хто вигнав цапів з пшениці?
9. Хто не слухав курочки?
10. Що взяв котик, щоб ловити зайчиків?

вовк   відро   хвостик
півник тоненькі   мішок
роги   бджола   помаленьку
       червона

Вправи до стор. 112.
Написати подані слова у квадратах. Відповіді на стор. 76.

одягніть одягнули обняла	вітальні весілля визначні	загомоніли забули шкодуй	надів набрав накаже
сподобався справив плакати	тиждень зав'яже кожного	повінчалися побили поцілувала	княжна князь клітку
врятували втопився вдихнув	розбійник різної пшеницю	прибіг прислав придумаю	скидайте скакайте захворієш
слугам своїм стайню	journалається журитися журіться	улізе униз їжі	обидва набрав обернув
штанятка садівник драбина	раптом пускає обертав	схопив слуги стоїш	кажеш знаєш чуєш
рятує вухо дочка	голосніше говорила горобчики	нахилилася назвала найдовше	перескочив нерозумний неправдиві

Вправи до стор. 112.
Перевірка знання слів. Вказівки на стор. 76.

ДО ВЧИТЕЛІВ

1. Робити висновки.
2. З'єднувати споріднені думки.
3. Давати правильні закінчення слів.
4. (а) Правильне вживання дієслів «іти», «їхати», «летіти» за допомогою рисунків.
   (б) Розуміння тексту і правильне вживання відповідних слів.
5. Правильні закінчення слів.
6-7. Хрестиківка

[Хрестиківка зі словами: МАМА, КОТИК, УРКО, ОО, АРАС, ІНЬ, ЛІТАК, КОКО, РАМА, МА, НИС, Д, ХАТА, СОНЦЕ, ОЩ, Л, Я, АВТО, ЗМІЙ]

8. Розуміння заперечних часток «так» і «ні».
9. Правильне вживання речення у відповіді на запитання.
10. Пригадати події.
11. Перевірка знання слів.

біло	страшний	сказало	животик
голуби	сиділо	найбільший	зробила
зловлю	тримало	зроблю	бій
дивиться	перший	дивіться	цвях
перейду	ставка	Шшш	їздити
ставок	готовий	ходить	Грицько

12. Зробити правильні рішення.
13. Пригадати події.
14-15. Правильне вживання дієслів.
16. Послідовність розвитку дій.
17. Розуміння тексту і пригадування дій.

18. Розуміння тексту.
19. Розуміння правильного вживання відповідного слова в реченні.
20. Розуміння тексту і послідовність розвитку дій.
21. Спорідненість речення з рисунком.
22. Робити правильне рішення до відповідного закінчення речення.
23. Правильне вживання слів у реченнях.

24-25. Хрестиківка.

26. Розуміння описових слів або висловів.
27. Розуміння висловів.
28. Споріднення іменників з іменниками та іменників із займенниками.
29. Правильне вживання слів «швидко» і «скоро».
30. Пригадати події та робити висновки.
31. Правильне вживання відмін слів.
32. Перевірка знання слів.

стукає	відчиняйте	почують	тихенько
пізнали	тікають	розказали	чекають
козенятам	небезпеці	дружив	заклад
чути	куриться	нерозумний	пірнала
зажурився	заспівав	неживий	ніби
зліз	лісом	взувся	кожушина

33. Послідовність розвитку дій.
34. Робити правильні рішення.
35. Правильне вживання слів.
36. Виконання вказівок.
37. Розуміння слів через виконання вказівок.
38-39. Хрестиківка.

40. Правильне вживання відмін слів.
41. Сполучення двох речень в одно речення.
42. Пізнавання спільної частини слів, або кореня.

Івасик	дід	баба	Оленка
хотіти	ловити	прийти	спекти
коваль	сідати	дерево	гризти
Данило	їсти	один	мале

43. Розуміння здрібнілих іменників.
44-45. Правильне вживання слів у реченнях при відповіді на запитання.
46. Виконання вказівок.
47. Споріднення слів.
48. Правильне вживання слів.
49. Послідовність розвитку дій.
50-51. Виконання вказівок і розуміння заперечних часток «так» і «ні».
52. Робити висновки.
53. Перевірка знання слів.

захотілося	піти	налякало	поїсть
захиталася	подув	яблунею	усієї
лізти	свіжої	внучка	шусть
дасть	втікати	зігнати	укусив
схопився	тріснув	меду	закуску
картоплю	відвіз	ревіти	приплинь

54. Правильне вживання слів у реченнях.
55. Виконання вказівок.
56. Правильне вживання слів.
57. Загадки.

    1 - авто   4 - коза
    2 - русалка   5 - троянда
    3 - місяць

58. Правильне вживання слів у реченнях.
59-60. Виконання вказівок.
61. Розуміння тексту.
62. Робити висновки.
63. Правильне виконання вказівок.
64. Правильне вживання слів.
65. Послідовність розвитку дій.
66. Правильне розуміння слів.
67-68. Правильне вживання речень при відповіді на запитання.
69. Споріднення слів.
70. Правильне вживання висловів у реченнях.
71. Хрестиківка.

	н	о	г	и		
	т	о	н	е	н	ь	к	і
п	о	м	а	л	е	н	ь	к	у
	в	о	в	к		
	ч	е	р	в	о	н	а
	х	в	о	с	т	и	к
	в	і	д	р	о	
б	д	ж	о	л	а	
	п	і	в	н	и	к
	м	і	ш	о	к	

72. Перевірка знання слів.

одягніть	весілля	шкодуй	накаже
справив	зав'яже	повінчалися	князь
вдихнув	розбійники	придумаю	скакайте
слугам	журіться	улізе	обида
штанятка	обертав	стоїш	кажеш
рятує	говорила	нахилилася	нерозумний